Serpent

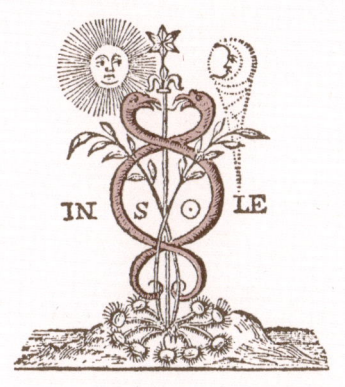

IN S⊙LE

GUTER ZAUBER

GUTER ZAUBER

für

BESTE GESUNDHEIT

*Weisheiten
der
Hexe Bree*

Scherz

Für die Millionen von Medizinfrauen,
die im Mittelalter verfolgt wurden.
Wir gedenken ihrer.

ÜBERSETZT AUS DEM ENGLISCHEN
VON MAJA UEBERLE-PFAFF

Die Originalausgabe erschien unter dem Titel
«Witch's Brew. Good Spells for Healing»
bei Chronicle Books, San Francisco.

Die Zauberrituale

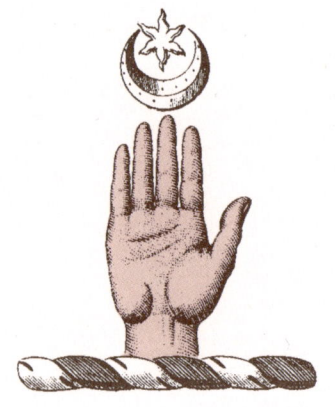

In seinem Glanz erstrahlte das Meer.

Die segensreiche Morgendämmerung zog auf.

Was besagt die alte Weisheit?

Die Quelle der lebenden Wasser

befindet sich in deinem Kopf

und in deinen Augen.

RUMI

EINLEITUNG

Vor Jahrhunderten waren Hexen die weisen Frauen
des Dorfes, die Heilerinnen und Hebammen,
die ein Fieber mit einem Breiumschlag stillen und das
Zusammenwachsen gebrochener Knochen mit einem
Kräutertee beschleunigen konnten. Das Wissen um
das Pflanzen und Sammeln von Heilkräutern
wurde über Jahrhunderte weitergegeben. Eine erfahrene
Hexe wusste, welche Mondphasen sich am besten zum
Säen eigneten, wie man einen Garten mit Hilfe der
Gestirne plante und wie sie durch Rituale GESUNDHEIT
und HARMONIE fördern konnte.

Ich wurde in diese große Tradition auf dem Schoß meiner
Tante Edith eingeweiht, einer sehr weisen Frau,
die mich in den **Wald** mitnahm und mir den Sinn und
Zweck jeder **Blume**, jedes Grases und Baumes erklärte.
Von ihr lernte ich, dass die auffällig hübschen Dolden
zu einer wilden Möhrenart gehören, dass man aus
Kermesbeeren die beste rote Tinte herstellt und welche
Gräser und Pilze in die Salatschüssel dürfen. Voller
Ehrfurcht lief ich kilometerweit mit ihr durch die
Wälder, um jede Pflanze kennen zu lernen.

Die Natur war unsere **Kathedrale**, unser **Klassenzimmer** und unser **Kalender**. Jedes Frühjahr blühte am 1. April ein einsames Büschel Tränende Herzen inmitten einer Ansammlung der seltensten Wildblumen. Ich glaubte, Tante Edith lehre mich die Heilkraft von Pflanzen und Bäumen, und erst Jahre später entdeckte ich, dass sie mir die Heiligkeit und den Wert des Lebens gezeigt und ein Erbe hinterlassen hat, das mir jetzt wie ein Schatz vorkommt.

HEILRITUALE sind «Erdmagie». Rituale, die einen
starken Körper und einen klaren Geist zum Ziel haben,
sind immer äußerst praktischer Natur. Sie sind eine
wunderbare Mischung aus Gärtnerei, Kräuterwissen,
Mond- und Himmelsbeobachtung und alten
Volksweisheiten. Wir bedienen uns bei den Ritualen
der eigenen magischen Kräfte in Verbindung mit den
Eigenschaften, die den Kräutern innewohnen.
Mit zunehmender Erfahrung wird dieser subtile
Prozess immer wirkungsvoller.

Vor der modernen Schulmedizin glaubte man,
Krankheit sei ein Zeichen für das Wirken böser Geister.
Eine moderne Hexe weiß, dass die meisten
Krankheiten **mehrere Ursachen** haben, denen
häufig so gewöhnliche Dinge wie Nachlässigkeit,
Unausgeglichenheit, Stress, Schlafmangel, Suchtverhalten
oder falsche Essgewohnheiten zugrunde liegen. Eine gute
Hexe zieht **Vorbeugung** immer der Heilung vor,
und Zauberpraktiken können die Selbstheilungskräfte
des Körpers enorm anregen.

Zu magischen Ritualen gehört natürlich weit mehr als ein paar gemurmelte Sprüche. Je größer deine Klarheit und Konzentration, desto größer die Wirkung. Denke deshalb vor jedem Ritual über die Beschwörungsformel und deine Absicht nach und suche die ENERGIE, die tief in dir schlummert. Weiterhin brauchst du eine starke «Basis», eine Quelle der Inspiration und Stärke, die von deinem Altar ausgeht. Mit einem liebevoll gestalteten Altar wirst du ein Zehnfaches an Resultaten erhalten.

Unser **Wohlbefinden** ist untrennbar mit der physischen und spirituellen Gesundheit der Menschen in unserer **Umgebung** verknüpft, die wiederum mit der Energie des ganzen Planeten in Verbindung steht. Ein Heilprozess beginnt deshalb bei uns selbst und führt spiralenförmig nach außen. Die reinigenden Tränke und heilsamen Rituale auf den folgenden Seiten sind wie Wegweiser zu heiligen Stätten, an denen du mit dir selbst und den Kräften der Natur in Einklang kommen kannst.

PRAKTISCHE MAGIE

Jede **gute Hexe** weiß, dass die besten Zutaten für ihre
Tränke in ihrer KÜCHE oder ihrem GARTEN zu finden sind.
Viele Pflanzen, die heute als Unkräuter gelten, besitzen
eine große Heilkraft und magische Eigenschaften.
Die meisten Kräuter und ätherischen Öle in diesem
Buch sind mittlerweile sehr bekannt. Öle, Duftkerzen
und andere Produkte der **Aromatherapie** sind im
Handel erhältlich. Die ungewöhnlicheren
Ingredienzien bekommst du am ehesten in einem
Biomarkt, Naturkostladen oder über den
Esoterikbedarf.

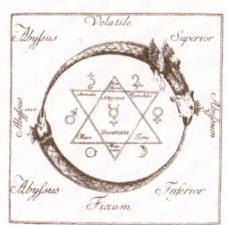

Uroboros:
ein Symbol der Unendlichkeit und ewigen Wiederkehr.
Die beiden Drachen symbolisieren Mann und Frau als Erde und Luft.

Alle Zutaten, die in diesem Buch genannt werden,
sind harmlos. Konsultiere jedoch einen Arzt,
wenn du besonders empfindlich bist und unter
Allergien leidest.

MONDPHASEN

Ein Zauberritual ist **besonders wirkungsvoll**,
wenn es zu einem optimalen Zeitpunkt innerhalb des
MONDZYKLUS durchgeführt wird.
Jeder Mondzyklus beginnt mit einer «neuen» Phase,
wenn der Mond zwischen der Sonne und der Erde steht,
so dass die beleuchtete Seite von der Erde aus nicht
sichtbar ist. Dann nimmt der Mond allmählich zu, bis er
auf der entgegengesetzten Erdseite angelangt ist. Wenn
der Mond diese erreicht hat, nennen wir die hell
leuchtende Mondscheibe den **Vollmond**. Der Mond
wandert danach wieder zwischen Erde und Sonne,
bis die **Neumondphase** erreicht ist.

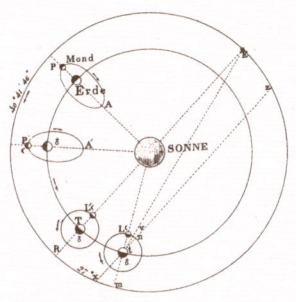

Der gesamte Zyklus dauert einen Monat,
währenddessen der Mond die Erde umkreist. Um das
Sonnenzeichen zu bestimmen, das den Mond beherrscht,
brauchst du einen Mondkalender oder einen
astrologischen Kalender. Der Mond tritt alle zwei bis
drei Tage in ein neues Zeichen ein.

DIE
ZAUBERRITUALE

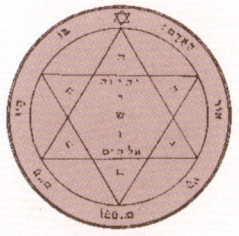

Zweites Pentagramm des Mars:
hilft gegen alle Arten von Krankheiten,
wenn es auf die befallene Stelle aufgelegt wird.

Eine heilsame Umgebung

Das große Rad:
Das Rad symbolisiert die zyklische Natur des Kosmos
und das spirituelle Gleichgewicht in allen Dingen.

DER HEILENDE ALTAR

Der Altar ist ein geheiligter Platz, ein Ort, an dem sich
deine magischen **Kräfte** entfalten können. Ich empfehle
eine glatte Oberfläche, mindestens 60 cm breit in jede
Richtung, als Altar zu wählen. Ich habe meinen Altar nach
Norden ausgerichtet, die Himmelsrichtung, die lange
als Ursprung der Energien galt. Norden ist die Richtung
der Mitternacht, und ein Altar, der sich daran orientiert,
verspricht große Wirkungskraft.

Leg ein ein **reines weißes** Tuch, das gerade den Boden
berührt, über deinen Altar. Stell zwei Kerzen in
identischen Kerzenhaltern an die zwei äußeren Kanten und
ein Räuchergefäß genau in die Mitte. Wenn du noch kein
Lieblingsaroma hast, verwende zunächst Weihrauch.
Suche Gegenstände, deren Symbolgehalt zum Altar passt.
Bei mir steht ein Kerzenhalter aus reinem Amethyst,
dem Stein meines Sternzeichens. Wenn ich sehe,
wie die Flamme sich in dem schönen, violetten Kristall
bricht, spüre ich das Feuer in mir.

Gegenstände von persönlichem Wert durchtränken
deinen Altar mit der magischen Kraft, die in dir wohnt,
und verstärken die feierliche Ausstrahlung des Ortes.
Du solltest deinen Altar schmücken, bis er dir rundum
gefällt. Wenn du einige Rituale vollzogen hast,
wird ein **Energiefeld** von deinem Altar ausstrahlen.

Zünde an einem Donnerstag bei zunehmendem Mond
grüne und purpurrote Kerzen an, die mit reinem Lotus-
oder Sandelholzöl gesalbt sind. Stell eine kleine
Efeupflanze oder einen Farn auf den Altar sowie ein Glas
Wasser mit einer Perle oder einem Stück Jade darin. Lass
ein Sandelholzräucherstäbchen in einem Topf Erde auf dem
nördlichen Viertel des Altars abbrennen und meditiere
über deine **Hoffnungen** und **Träume**. Wenn das Stäbchen
abgebrannt ist, stell die Pflanze in einen großen Behälter,
neige dich vor und sprich:

Wie dieses Lebewesen wächst,
So soll die Kraft dieses magischen Ortes wachsen.
Oh Göttin – ich weihe Dir meine Zauberkraft.
Schaden entstehe keinem, nur Gutes entströme diesem heiligen Ort.

Vergrabe den Edelstein in der Erde und gieße die Pflanze
mit dem Wasser aus dem Glas. Behalte die Pflanze
in deiner Nähe. Ihr werdet beide Kraft gewinnen und
erblühen. Ich möchte dich auch ermutigen, den Altar
immer wieder neu zu beleben, indem du ihn mit heiligen
Objekten schmückst – einer schillernden Feder,
einem eiförmigen Kieselstein vom Wegrand, einem
Granatapfel oder Ähnlichem.

Schutzzauber für das Haus

Um aus deinem Heim einen **heiligen Ort** zu machen
und dich vor Unheil zu schützen, verreibe eines der
folgenden ätherischen Öle auf dem Türrahmen:

Zimt – Nelke – Zypresse – Drachenblut – Weihrauch

Geh über die Türschwelle und schließe die Tür fest zu.
Reibe das restliche Öl auf alle anderen Türen
und Fensterrahmen in deiner Wohnung. Zünde zur
Hexenstunde, um Mitternacht, gesalbte weiße Kerzen an,
stell sie auf alle Türschwellen und Fensterbretter
und singe:

Mein Heim ist mein Tempel,
Hier will ich leben und lieben und geheilt werden.
Dies ist besiegelt durch Magie.

DEN RAUM ZURÜCKGEWINNEN

Um überhaupt als **Heilerin** tätig sein zu können, musst
du die Unordnung beseitigen, die Blockaden schafft.
Verbanne mit dem folgenden Ritual die alte, schlechte
Energie aus deinem Haus. Bereite einen Tee aus Eisenkraut
zu. Tauche, wenn der Tee abgekühlt ist, den Finger
hinein und versprenge den Tee im ganzen Haus,
während du sprichst:

Das Haus von lastenden Schatten zu befreien,
Braue ich einen Tee aus Eisenkraut.
Versprenge den Trank im ganzen Raum,
Und hinaus, hinaus treibt es die Geister!

Zünde danach ein Bündel **Salbei** an und verteile den
reinigenden Rauch in allen Zimmern.

Einzugsfest

Wenn du neulich umgezogen bist, hänge einen Kranz aus getrocknetem **Hopfen** oder **Eukalyptus** an die Wohnungstür. Geh durch diese Tür, zünde eines deiner Lieblingsräucherstäbchen und eine braune Kerze an und lege dich auf den Boden in der Mitte des Wohnzimmers. Flüstere:

Haus meines Körpers, in deine Obhut begebe ich mich.
Haus meines Geistes, deine Gaben empfange ich.
Haus meiner Herzens, ich bin offen für Freude.
So ist es. Und so wird es sein.

SCHUTZ DURCH PFLANZEN

Pflanzen bieten Zuflucht. Selbst in einer engen Wohnung verbessern sie die Luft und erinnern uns durch ihre sich wandelnde Schönheit an die Jahreszeiten.

Wenn du negative Energien vertreiben willst, pflanze *Heidekraut, Haselstrauch, Weißdorn, Stechpalme, Hyazinthe, Ysop, Efeu, Wacholder, Immergrün oder Primel.*

Zum Heilen dienen *Salbei, Sauerklee, Nelke, Zwiebel, Knoblauch, Pfefferminze, Gartenraute und Rosmarin.*

Der Mond spielt beim Anpflanzen eine große Rolle; du sollst darauf achten, dass er im Zeichen von Krebs, Skorpion, Steinbock oder Stier steht. Schaue dazu am besten in einem Mondkalender nach.

ROSMARINRITUAL

Pflücke einen Stengel Rosmarin, den du selbst gezogen hast, und halte die spitzen Blättchen wie eine Priesterin im alten Griechenland ins Holzfeuer. Dies reinigt den Raum und ist eine wichtige Vorbereitung für jedes Ritual.

Der Heiltalisman von Katharina de Medici

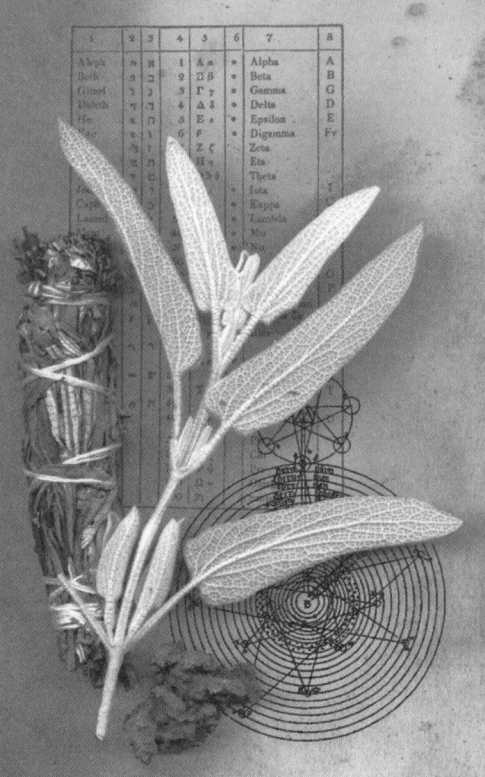

1.	2	3	4	5.	6	7.	8
Aleph	א	1	A α	•	Alpha	A
Beth	ב	2	B β	•	Beta	B
Gimel	ג	3	Γ γ	•	Gamma	G
Daleth	ד	4	Δ δ	•	Delta	D
He	ה	5	E ε	•	Epsilon	E
Vau	ו	6	Ζ ζ	•	Digamma	F v
	ז		Z ζ		Zeta	
	ח		H η		Eta	
	ט				Theta	
	י			•	Iota	
Caph	כ			•	Kappa	
Lamed	ל			•	Lambda	
	מ			•	Mu	
	נ			•	Nu	

BALSAM FÜR
HERZ UND SEELE

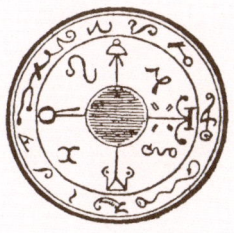

Siegel für heilende Kräfte: Um die Fähigkeit zu erlangen,
allen Kranken zu helfen und die Prinzipien der Heilkunde zu verstehen,
trägt man dieses Siegel an einem roten Seidenband auf der Brust.

SEGENSRITUAL

Die Zeit, die du dir zur eigenen **Erholung** nimmst, ist
enorm wertvoll. Du solltest jeden Tag mit Liebe an dich
selbst denken. Nimm ein Bündel heiligen **Salbei** und
aromatischen **Lavendel** und stecke beide in einen
Musselinbeutel. Atme das Aroma mit drei Atemzügen tief
ein. Am Scheitelpunkt (dem obersten Chakra) beginnend,
führe den Beutel am Körper entlang bis zu den Füßen und
berühre dabei die Chakren am Hals, Solarplexus, Nabel
und Becken (Wurzel-Chakra). Halte dann den Beutel auf
Höhe des Herzens und sprich:

Vergangen sind Sorgen, Krankheit und Leid;
Frei fließen Weisheit und Gesundheit.
Mein Herz ist geheilt, Freude erfüllt meine Seele.
Der Segen sei mit mir.

DIE ESSENZ DES WOHLBEHAGENS

Die alte heidnische Kunst der **Aromatherapie** verdankt
ihre neue Popularität zwei bemerkenswerten
Eigenschaften: sie heilt den Geist und beeinflußt somit
die Gefühlslage. Zur Stärkung des spirituellen
Wohlbefindens kombiniere folgende Öle:

sechs Tropfen Lavendelöl – vier Tropfen Weihrauch –
sechs Tropfen Vanilleöl – 50 ml Mandelöl

Du siehst die Dinge gleich positiver, wenn du
die Mischung in eine Duftlampe träufelst oder –
dann geht es noch schneller – auf Glühbirnen tupfst.
Bald umgibt dich ein sanfter, meditativer Duft.

RITUAL ZUR ERDUNG

Sandelholz (*chandana* im Sanskrit) ist in Indien seit
Jahrtausenden bekannt. Der aromatische Holzgeruch klärt
die Gedanken und verbindet uns mit der Erde.
Salbe eine braune Kerze mit Sandelholzöl.
Füge zu einer geruchlosen Basis aus Oliven- oder Sesamöl
folgende ätherische Öle hinzu:

sechs Tropfen Sandelholz
zwei Tropfen Lemon
zwei Tropfen Ambra

Wärme die Flüssigkeit in einer Tonlampe oder erhitze sie
vorsichtig auf dem Herd. Wenn sie handwarm ist, tauche den
linken Ringfinger hinein und salbe dein «Drittes Auge», das
sich zwischen den Augen in der Mitte der Stirn befindet.
Setze dich mit untergeschlagenen Beinen oder im Lotossitz
auf den Boden, und flüstere dreimal:

Komm zu mir, Klarheit, komm zu mir, Frieden,
Komm zu mir, Weisheit, komm zu mir, Seligkeit.

Meditiere zwanzig Minuten und massiere dir danach
die Füße mit dem warmen Öl. Nun bist du vollständig
geerdet und bei dir.

GUTE-LAUNE-SPRAY

Dieses Rezept wirkt Wunder, wenn du oder Menschen
in deiner Umgebung schlecht gelaunt seid
und eine Aufmunterung braucht.
Mische die folgenden ätherischen Öle:

zwei Tropfen Pfefferminze – zwei Tropfen Bergamotte –
zwei Tropfen Lavendel – vier Tropfel Rosmarin –
vier Tropfen Teebaum

Gieß alles in einen Viertelliter destilliertes Wasser und
versprühe dieses Wasser im Raum, während du sprichst:

Schwermut und Trübsinn, entfernt euch.
Willkommen, freundliche Geister, in diesem Haus.
Schaden entstehe keinem. So möge es sein.

PENDELWEIHE

Viele Hexen tragen ständig ein Pendel bei sich, um im
richtigen Moment die richtige Entscheidung fällen zu
können. Oft sehe ich Pendel über Waren auf dem
Gemüsemarkt oder über einem Teller im Restaurant. Sie
sind mittlerweile in den meisten Esoterikläden zu
bekommen, aber ein selbst gemachtes **Pendel** enthält
viel mehr persönliche **Energie**. Nimm einen starken
Faden oder ein Lederband und binde einen Ring,
Edelstein oder Kristall an ihm fest.
Nimm bei Neumond ein Salbeibündel, zünde die Blätter
an und lass den Rauch über das Pendel ziehen.
Dieses Räuchern reinigt gleichzeitig den Raum.

Trage das Pendel sieben Tage lang um den Hals.
Zünde jede Nacht auf deinem Altar schwarze Kerzen an,
um negative Energien zu absorbieren, und singe,
während du das Pendel ruhig hältst:

Führe mich auf den Pfad der Wahrheit,
Göttin, höre mein Lied.
Dieses Pendel lade ich mit meiner Energie,
Um Recht von Unrecht zu scheiden.
So möge es sein.

Am siebten Tag kannst du dein Penedel zum
ersten Mal benutzen. Wann immer du vor einer
Entscheidung Rat brauchst, halte das Pendel und
beobachte seine Bewegungen – schwingt es von
vorne nach hinten, bedeutet dies «Ja»,
von rechts nach links bedeutet «Nein».

Heilende Blüten

Blütenessenzen stellen das emotionale **Gleichgewicht**
wieder her und verhelfen zu physischer **Harmonie**. Ich
empfehle die Blütenessenzen von Dr. Bach, subtil
wirkende Arzneimittel, die ursprünglich aus dem
Morgentau auf den Blütenblättern gewonnen wurden.
Um herauszufinden, welche Essenzen für dich
die richtigen sind, nimm ein
Pendel und schreib alle Essenzennamen in Radform auf ein
Papier. Halte das Pendel in die Mitte und warte,
bis es einen Namen wählt, während du sprichst:

Geist der Blüte, hilf mir heute,
Krankheit und Trauer fernzuhalten. Glück und Segen.

BLÜTENESSENZEN

Für die folgenden Heilmittel gib zwei Tropfen
Blütenessenz in 30 ml destilliertes Wasser. Nimm täglich
vier Tropfen ein, bis deine Gesundheit wiederhergestellt
ist. Du kannst die Flüssigkeit auch auf die Körperstellen
tupfen, unter denen du den Puls fühlst, ein wenig davon
ins Badewasser tropfen oder sie im Raum versprühen.

ANGST: Mohnblume, Malve, Ingwer, Pfingstrose,
Seerose, Basilikum, Stechapfel

ERSCHÖPFUNG: Aloe, Schafgarbe, Olive, Edelkastanie

GROLL: Brennnessel, Schwertlilie, Kamille

KUMMER: wildes Stiefmütterchen, Weißdorn, Borretsch

LETHARGIE: Aloe, Thymian, Pfefferminze

NERVOSITÄT: Knoblauch, Rosmarin, Espe, Immergrün, Melisse, Rosskastanie, Enzian

NIEDERGESCHLAGENHEIT: Borretsch, Sonnenblume, Lärche, Kamille, Geranie, Yerba Santa, Wanzenkraut, Lavendel, Senfsamen

SPIRITUELLE BLOCKADEN: Eiche, Ginseng, Frauenschuh

STRESS: Dill, Purpursonnenhut, Thymian, Mistel, Melisse

SUCHT: Helmkraut, Ackermennig

TRAUER: Geißblatt

RITUAL DER BEFREIUNG

Diese Reinigungsbad hilft, sich von negativen Emotionen zu lösen. Lass dir um die Mittagszeit, wenn die Sonne am heilkräftigsten ist, ein **Bad** ein und träufle in den Wasserstrahl folgende ätherische **Öle**:

zwei Tropfen Rosmarin zur Beruhigung

ein Tropfen Pfefferminze zur Stimulierung

ein Tropfen Lavendel zur Klärung der Energie

drei Tropfen Thymian gegen geistige Erschöpfung

Während du dich in der Wärme entspannst, wiederhole viermal diese Beschwörungsformel:

Traurigkeit, ich entlasse dich – leb wohl.

Müdigkeit, ich entlasse dich – leb wohl.

Ich grüße diesen Tag aufs Neue, ich grüße mein Leben aufs Neue.

Glück und Segen.

WOHLBEFINDEN FÜR GEIST UND SEELE

Nimm an einem Donnerstag eine blaue Kerze,
salbe sie mit Zedern- oder Bergamotteöl
und sprich neunmal:

Ängste und Sorgen – lasst mich allein.
Kummer und Ärger – befreit von euch will ich sein.
Täglich wachsen Stärke und Glück,
Und meine Seele findet ihren Weg.

Die Heilkraft der Farben

Farben haben einen tief greifenden Einfluss auf unsere psychische und physische Gesundheit. Sieh dich um, welche Farben dich umgeben – auf Wänden, Möbeln, Lampen, Kleidern, Schmuck, Blumen, sogar dem Essen. Auf jede von uns wirken sich bestimmte Farben günstig auf Körper und Seele aus. Wenn du zum Beispiel matt und müde bist, brauchst du mehr Orange in deinem Leben. Trag orange Kleidung und iss Nahrungsmittel, die mit Orange assoziiert werden, also Kürbis, Pflaumen oder Hefe. Einige Farbzusammenhänge sind folgende:

BLAU: steht für Demut, Glaube, Unschuld, steckt in Minze, Knoblauch, Radieschen, Salbei, Rübe, Pepperoni.

GELB: Anerkennung, Wohlstand, Macht, Vorzüglichkeit,
ist in Kürbis, Käse, Weizen, Hafer, Salat und Bier.

GRÜN: ewiges Leben, Freundschaft, Optimismus,
wird aufgenommen durch Rindfleisch, Alfalfa, Endivien,
Weintrauben.

ORANGE: Fülle, Überschwung, Energie steckt in Orangen,
Kürbis, Pflaume, Hefe, Wachsbohnen.

ROT: Aggression, Erfolg, Kontrolle,
wird am besten aufgenommen durch Kohl, Speck,
Kirschen, Zitrone, Tomate, Paprika.

VIOLETT: steht für starke Gefühle, Melancholie,
Frömmigkeit, kann durch Schokolade und Thymian
aufgenommen werden.

Die Genesung
des Körpers

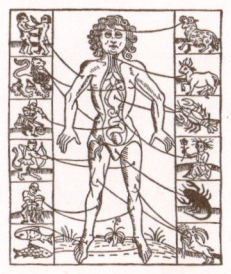

Die Position der Sternzeichen
im menschlichen Körper

BOTANISCHE ALCHEMIE

ALPENVEILCHEN
Vertreibt Kummer und Schmerz.

GURKENSCHALEN
Auf Schläfen und Stirn gelegt, lindern sie Kopfschmerzen.

HASELNUSSZWEIGE
Sind hervorragende Zauberstäbe und Wünschelruten.
Als Pendel benutzt, helfen sie Fragen beantworten.

KNOBLAUCH
Schützt gegen böse Geister, Krankheiten
und schlechtes Wetter.

RINGELBLUMENBLÜTEN

Zur Mittagszeit gepflückt, heben sie deinen
Energiespiegel.

SAFT AUS GRÜNEM SALAT

Vertreibt Schlaflosigkeit, wenn er auf Schläfen und Stirn
gerieben wird.

STECHPALME

Soll, wie man früher glaubte, Blitze ablenken.

Vorbeugen
gegen Krankheit

Zünde als Vorbeugung gegen Krankheiten
an einem Freitag eine grüne Kerze an, salbe sie mit
Muskatellersalbeiöl und sprich dreimal
die folgende Formel:

Über meine Gesundheit bestimme ich;
Ich muss nur wollen, dass es mir besser geht.
Den Atem des Lebens atme ich,
kein Schmerz mehr und keine Mühe!
Schaden entstehe keinem, Gesundheit mir.
So möge es sein.

RITUAL ZUR REINIGUNG
DES KÖRPERS

Meersalz wurde früher im Mittelmeerraum und in
Mesopotamien dazu benutzt, bei rituellen **Massagen**
den Körper zu entgiften. Schon Cleopatra und
Bathsheba dienten diese natürlichen Salze dazu, die
Haut geschmeidig zu machen und den Kreislauf
anzuregen, was für die physische Gesundheit ganz
wesentlich ist. Es gibt in Drogerien wunderbare
Salze aus dem Toten Meer; du kannst aber
nach dem Badekurrezept auch dein eigenes
Reinigungssalz herstellen.

Zur Vorbereitung auf eine anregende Abreibung
zieh deine Kleider aus und halte das Salz in beiden
Händen, während du sprichst:

Weise Isis, hilf, dein Bild zu spiegeln;
Mein Körper ist ein Tempel der Göttin.
Sieh, ich bete an mit Haupt und Händen,
Herz und Seele.

Verreibe das Salz mit einem Schwamm kräftig
auf dem ganzen Körper, am besten um Mitternacht
bei abnehmendem Mond.

BADEKURREZEPT

Viele Hexen mixen am liebsten ihre eigenen magischen Schönheitsprodukte. Das hausgemachte **Kursalz** ist leicht herzustellen, und das Besondere ist, dass du die ätherischen Öle je nach Stimmung variieren kannst:

drei Tassen Epsomer Bittersalz
ein Esslöffel Glyzerin
vier Tropfen Ylang-Ylang
ein Tropfen Jasmin
ein Tropfen Muskatellersalbei

Mische die Zutaten gut und bewahre sie in einem dunklen Glasbehälter auf.

Allegorie der alchemistischen Reinigung:
Für den Bräutigam wird ein reinigendes Bad bereitet.
Rechts Salmiaksalz, links Salpeter. In der Mitte Merkur,
der das Destillat der beiden symbolisiert.

HEILENDE KRÄUTERESSENZ

Um das Immunsystem zu kräftigen, zerstoße zu gleichen
Teilen **Rosmarin**, Sandelholz und die **Blütenblätter**
einer roten Nelke. Lege die Kräuter in eine Schale aus
farbigem Glas, die mit reinem Olivenöl gefüllt ist.
Nachdem das Öl sieben Tage lang auf dem Fensterbrett der
Sonne und dem Mond ausgesetzt war, gieß es durch
ein Sieb in ein Fläschchen. Als Zusatz im Badewasser
oder zum Betupfen der Haut über dem Puls
ist dies ein wunderbares Heilöl.
Sobald du etwas erschöpft bist, kannst du zu diesem Öl
greifen und du wirst dich gleich besser fühlen.

KRAFTVOLLE STEINE UND RINGE

Edelsteine und Kristalle besitzen Heilkräfte,
die lange und gut erprobt sind.

Der SAPHIR besitzt violette Energie; an einem Samstag
zwei Stunden vor Sonnenuntergang am
Mittelfinger der rechten Hand getragen, soll der Stein
bei Nierenbeschwerden, Epilepsie, Tumoren
und Ischias helfen.

DIAMANTEN enthalten Strahlen von indigoblauem Licht
und sind gut für die Augen, die Nase, bei Asthma,
Trägheit und nach Alkoholgenuss, besonders wenn sie
freitags bei zunehmendem Mond am rechten
kleinen Finger getragen werden.

Der SMARAGD hat grüne Lichtstrahlen
und ist gut für das Herz, bei Asthma und Grippe,
wenn er mittwochs zwei Stunden nach
Sonnenaufgang am rechten kleinen Finger
getragen wird.

PERLEN entsenden orange Strahlen und sollten
am Montagmorgen getragen werden. Sie helfen bei
Geisteskrankheit, Diabetes, Koliken und Fieber.

Der TOPAS hat blaue Strahlen und wirkt bei
Kehlkopfentzündung, Lähmung, Hysterie, Scharlach
und Drüsenstörungen, wenn er donnerstagmorgens
am rechten Ringfinger getragen wird.

HAUTCREME DER VENUS

Sie werden feststellen, dass viele Hexen alterslos wirken.
Dafür gibt es einen guten Grund:
wir sorgen für unsere Haut und verwöhnen unseren Teint
mit einer Creme, die der Haut ewige Jugend beschert.
Kombinieren Sie die folgenden Öle:

50 ml Mandelöl
zwei Tropfen Muskatellersalbei
zwei Tropfen Kamille
zwei Tropfen Myrrhe
zwei Tropfen Rosmarin
zwei Tropfen Geranie

Bevor du jeden Abend deine Haut einölst,
sprich die folgenden Worte:

Göttin der Liebe, Göttin des Lichts, hör mein Gebet.
Deine Jugend und ewige Schönheit teile mit mir.
So möge es sein.

Verreibe das Hautöl auf dem Gesicht
und spüle mit Wasser nach;
eine gesunde und strahlende Haut ist dein Lohn.

RITUAL FÜR FREIEN ATEM

Erkältung und Husten kann man verkürzen
oder ganz vermeiden. Mische dazu
die folgenden ätherischen Öle:

zehn Tropfen Rosmarin
zehn Tropfen Teebaum
zehn Tropfen Eukalyptus
zehn Tropfen Lavendel

Halte dir die Mischung mit beiden Händen
unter die Nase und atme dreimal tief ein.
Sprich nach dem letzten Ausatmen:

Macht des Windes,

Stärke der Bäume,

Energie der Erde,

Trost des Meeres,

Ich rufe zu euch, macht mich stark und heil.

Schaden für keinen.

So soll es sein.

Besonders wirksam ist diese Mischung, wenn du
mehrmals täglich vier Tropfen in heißes Wasser gibst
und inhalierst. Zwei Tropfen aufs Kissen sorgen
in der Nacht für befreiten Schlaf.

ÄTHERISCHE ÖLE
GEGEN HÄUFIGE BESCHWERDEN

Die folgenden Öle können als natürliche Heilmittel dem
Badewasser beigegeben werden, mit einer Spraydose
zerstreut oder zum Betupfen der Haut benutzt werden:

ALLERGIEN
Melisse, Kamille

ARTHRITIS
Kiefer, Schafgarbe, Majoran, Rosmarin, Eukalyptus

ERKÄLTUNG und GRIPPE
Kiefer, Thymian, Eukalyptus, Lavendel

ERSCHÖPFUNG
Ysop, Rose, Kiefer, Muskatellersalbei

Zur Stärkung des IMMUNSYSTEMS
Ysop, Thymian, Rose, Jasmin

KOPFSCHMERZEN
Lavendel, Melisse, Geranie, Pfefferminze, Lindenblüte

KRÄMPFE
Schafgarbe, Kamille, Lindenblüte

MAGENBESCHWERDEN
Pfefferminze, Kamille, Basilikum

SCHLAFSTÖRUNGEN
Muskatellersalbei, Hopfen, Lavendel, Lindenblüte, Rose

Sachiel.

Das Wohl
der Schöpfung

Stab des Asklepsius:
ursprünglich ein Symbol des alten Gottes der Heilkunde, später Symbol
für den Arztberuf. Er steht außerdem für die Erneuerung des Lebens.

RITUALE ZUR HEILUNG DER NATUR

Anders als unsere Vorfahren müssen wir modernen
Hexen bei der Heilung von Mutter Erde mitwirken.
Es gibt wirksame Zaubermittel, mit denen der Planet
gekräftigt und geheilt werden kann, was sich auch
auf uns Menschen positiv auswirkt.
Streue am 21. März, der Tagundnachtgleiche,
Kleeblätter, zerstoßene Mistel und Zimt auf den Boden,
während du gegen den Uhrzeigersinn im Kreis gehst.
Stell dich mit erhobenem rechten Arm
nach Norden gewandt und rufe:

Ich rufe die großen Mächte des Nordens
Dieses Land zu segnen und zu beschützen.
So möge es sein.

Drei **rote Blumen** in die Erde gepflanzt,
halten Unbefugte davon ab, Grenzen zu überschreiten.
Ich empfehle hierzu Heckenrosen, Geranien
oder Kapuzinerkresse.
Um einen kränkelnden oder gefährdeten Baum
zu heilen und zu schützen, binde nach
altem keltischen Brauch ein rotes Band
um den Stamm und sprich:

Rot für den Blutsaft in diesem Geistbaum,
Bei jedem Vollmond umwinde ich dich
mit dem magischen Band.

KERZENZAUBER

Als Heilerin wirst du auch Rituale für abwesende
Personen durchführen können. Du kannst dazu einen
zweiten Altar für den Empfänger deiner Magie
aufstellen und spezielle Kerzen benutzen.
Stell zunächst zwei Altarkerzen auf – eine
im Nordosten und eine im Nordwesten. Zünde sie an
und stell dann an der Ostseite deines Altars
drei rote Kerzen und an der Westseite eine
orangefarbene Kerze auf. Die roten Kerzen stehen
für Gesundheit und Stärke, die orangen
für Optimismus und Ermutigung.

Zünde die orangefarbene Kerze an und konzentriere
dich darauf, für die kranke Person Gesundheit
und Wohlbefinden zu beschwören. Zünde als Nächstes
die drei roten Kerzen an und denke an Vitalität und
erhöhten Energiefluss, während du sagst:

Macht des Lichts, Macht der Liebe,
Das Feuer brennt und wir heilen.

MAGIE DER ELEMENTE

SONNE

Sol, das Symbol des **Feuers**, ist die wichtigste Quelle
der Heilkraft. Schon als Kinder besingen wir die Sonne
und versuchen mit unseren Liedern, den Regen zu
vertreiben. Auch das ist eine Form der Sonnenverehrung.
Hexen tragen gegen schlechtes Wetter eine Perlzwiebel
oder eine Knoblauchzehe in der Tasche.

LUFT

Der Wind, eine Manifestation des Elementes Luft,
ist ein Bote des **Wandels**. Der Westwind hat besondere
Heilkräfte, während der Südwind den **Neubeginn**
begünstigt. Diese mächtigen Verbündeten kannst
du aktivieren, indem du stets einen weißen Stoffbeutel
mit dir trägst, in dem du «den Wind fängst».
Stell dich in den Wind und sprich:

Bruder Wind, du wehst um uns her;
Was alt und traurig ist im Leben, geht mit dir.
Nach dem Sturm empfange ich den Regen;
Ich danke dir für alles, was ich erhalte.
Ohne Schaden hat dieser Zauber begonnen.

Verschließ den Beutel mit einem blauen Band.
Wann immer eine Situation entsteht, die sich zum Guten
wenden sollte, kannst du etwas von dem Wind der
positiven Veränderung «ausgießen».

ERDE

Wenn du gerne gärtnerst, kannst du symbolisch
Veränderung in dein Leben pflanzen. Nimm eine Hand
voll Bohnen aus der Küchenschrank und weihe sie bei
abnehmendem Mond auf dem Altar.
Gepflanzt werden sie nach folgendem Gebet:

Ich pflanze diese Samen des Glücks und des Wandels.
Mit ihrem Wachstum wird Glück und Erfolg
entstehen und fließen.
Diesem Boden wird aller Reichtum entsprießen.

DAS HEILIGE RUND

Eine Zusammenkunft von Hexen findet häufig
an einem heiligen Ort im Freien statt, zum Beispiel
im **Wald** oder bei einem besonderen Totembaum wie der
Eiche, die den keltischen Druiden heilig war.
Du kannst deinen eigenen heiligen Ort mittels
ritueller Gesänge und Tänze schaffen. Versammle deine
Freunde in einer hellen, warmen Nacht bei
zunehmendem Mond und bring bunte Bänder
und wasserfeste Marker mit. Deutet mit erhobenen
Armen nach Norden, Süden, Osten und Westen
und singt dabei:

Wir sind die Weisheit der Sterne,
Die Schönheit dieser grünen Erde.
Dem Universum, das uns Leben gibt,
geben wir das Geschenk zurück.
Tiefster Friede sei allen.
Und wir sind alle eins.

Durch dieses Ritual habt ihr einen kreisförmigen Raum geschaffen, innerhalb dessen sich magische Dinge ereignen werden.

Jedes Mitglied des Kreises sollte seinen Wunsch formulieren und auf ein Stück Band schreiben. Bindet die Wünsche nacheinander am Baum fest.

Jedes Raunen des Windes wird sie verbreiten.

MAGISCHE GÄRTEN

Ich kenne magische Gärten in vielen Größen und
Formen, von Mondsicheln bis zu Pentagrammen, Kreisen,
Sternen und Sonnen. Nimm ein Stück feste Schnur
und binde insgesamt neun Knoten hinein. Bestimme mit
einem Kompass Osten, Norden, Süden und Westen
und leg einen Stein in alle vier Richtungen. Stell zu jedem
Stein brennende Kerzen in Sturmgläsern hin.

Sprich, mit dem Norden beginnend:

Hört mich jetzt,

Ich rufe die Mächte des Nordens

und bitte sie um Schutz für die Erde.

Hier wächst Magie.

Wiederhole dies für alle Richtungen. Zeichne dann mit einem Stock einen fünfzackigen Stern auf die Erde und eine Mondsichel in seine Mitte. Gieße Apfelsaft in die Mondform, lösch die Kerzen und lass den Garten drei Tage ruhen. Du hast damit die Erde für magisches Wachstum vorbereitet.

DER HEILGARTEN

Bevor du die Samen von Heilkräutern aussäst,
kannst du den Boden durch einen Erdzauber darauf
vorbereiten. Zeichne mit einem herabgefallenen Zweig
einen Kreis in die Erde und stell eine brennende
Kerze in einem grünen Glas in die Mitte.
Stell dich barfuß auf den Boden und erde dich durch
tiefe, langsame Atemzüge. Nach zehn Atemzügen beuge
dich vor und berühre mit den Händen die Erde.
Wiederhole dies dreimal. Danach kannst du
mit dem Pflanzen beginnen.

Frieden, Liebe und Heilung

Die stärkste Alchemie besteht darin, **positive Energien** zu schaffen, die spiralenförmig nach außen strahlen und alles erhellen, auf das sie treffen. Ich kenne Schamanen und weise Frauen, die ihr Leben in den Dienst anderer Menschen gestellt haben, zum Beispiel alte Frauen, die im Regenwald für den Schutz der Bäume arbeiten, oder Aborigines, die ihre «Traumzeit» damit verbringen, die Erde zu heilen. Du selbst kannst zum universellen Frieden beitragen, indem du auf deinem Altar an einem Samstag bei abnehmendem Mond eine weiße, mit Rosenöl gesalbte Kerze anzündest. Stell eine einzelne weiße Rose in eine Vase und leg eine Knoblauchzehe neben ein Räucherstäbchen mit Rosenduft. Zünde erst das Räucherwerk an, dann ein Bündel Salbei und lass den Rauch über deinen Altar ziehen. Singe dazu:

Krieg und Kummer sind zu Ende.
Wir wandeln auf dem Pfad des Friedens.
Liebe deinen Nächsten wie dich selbst.
Alles, was wir brauchen, ist Liebe.
Schaden entstehe keinem, Verständnis allen.

*Die Schlange und
der Baum der Erkenntnis*

Guter Zauber

für

Glück in der Liebe

Scherz

ISBN: 3-502-12400

Guter Zauber

für

innere Stärke

Scherz

ISBN: 3-502-12403

Guter Zauber

für

Wohlstand und Erfolg

Scherz

ISBN: 3-502-12401

ILLUSTRATIONEN

Die Illustrationen in diesem Buch stammen
aus den folgenden Quellen:

Vorsatz: *Old English Cuts & Illustrations for Artists and Craftspeople* by
Bowles & Carver © 1970 Dover Publications, Inc., New York.
S. 1, 17, 22, 60: *The Hermetic Museum: Alchemy & Mysticism* by
Alexander Roob © 1997 Taschen Verlag, Köln.
S. 19: *The Complete Encyclopedia of Illustration* by J. G. Heck
© 1979 Crown Publishers, New York.
S. 21, 35: *Secrets of Magical Seals* by Anna Riva
© 1975 International Imports, Los Angeles.
S. 33, 53, 71: *Witchcraft, Magic & Alchemy* by Grillot de Givry
© 1971 Dover Publications, Inc., New York.

BRENDA KNIGHT

Brenda Knight alias Hexe Bree befasst sich seit ihrer Jugend mit Zauberei, Astrologie und dem Studium mittelalterlicher Bräuche. Sie leitet Retreats und Wicca-Workshops und lebt in San Francisco.

MARGO CHASE

Margo Chase wurde für ihre Arbeit als grafische Designerin als eine der vierzig kreativsten Künstlerinnen der USA ausgezeichnet. Sie arbeitet für die Buch- und Filmbranche. Sie hat das Konzept und die Collagen für dieses Buch entworfen.

Die Informationen, die in diesem Buch vermittelt werden, stellen die subjektive Meinung beziehungsweise die Erfahrung der Autorin dar und wurden nach bestem Wissen und Gewissen aufgezeichnet. Eine Haftung der Autorin und des Verlags für etwaige Schäden, die sich aus dem Gebrauch oder Missbrauch des in diesem Buch präsentierten Materials ergeben, ist ausgeschlossen.

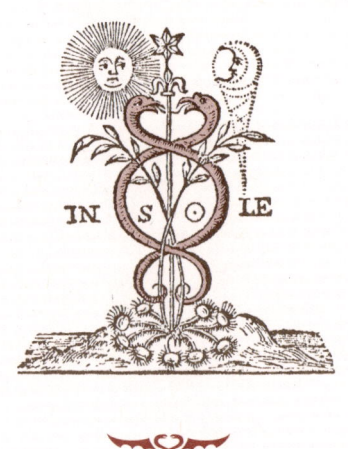

IN S LE